D0778229

Tahar Ben Jelloun

L'école perdue

Illustrations
de Laurent Corvaisier

GALLIMARD JEUNESSE

Première partie

Le village

Cette histoire est arrivée dans un pays d'Afrique de l'Ouest, dans un tout petit village qui se situe à une heure d'autobus de la grande ville. Le village n'a pas de nom. On l'appelle « le village ». Moi, je l'appelle « le néant », à cause du vide, du vent qui tourne en rond et de la poussière qu'il dégage. « Le néant » est rond comme une citrouille. C'est presque un cercle. Quand le vent tournoie, il dessine avec le sable qu'il soulève des figures qui montent vers le ciel. Ce sont des monstres qui donnent naissance aux fantômes.

De petites maisons sans eau courante ni électricité entourent un arbre très grand, un hêtre aux troncs nombreux et à l'âge imposant. Quel âge cet arbre peut-il avoir ? D'après Hadj Baba, le chef du village, il aurait trois cent cinquante-deux ans. Mais comment Hadj Baba compte-t-il ? C'est simple : chaque tronc représente une cinquantaine d'années. Sept fois cinquante, égale trois cent cinquante. Et les deux ans ? C'est une branche qui ne cesse de pencher vers le sol. Pour Hadj Baba, c'est un futur tronc. Il existe une autre façon de compter. Il faut trois hommes et un enfant se donnant la main pour enlacer l'arbre. On compte un siècle par personne.

Il y a toujours un arbre qui résiste à tout et se maintient au milieu d'un village. Il est la mémoire du lieu, le gardien du nom de la tribu, et il donne de l'ombre. Quant aux fruits, cela fait longtemps que celui-ci n'en produit plus.

La terre a une couleur sable. Quand il pleut, cela arrive très rarement, elle devient rouge, une teinte qui varie selon les saisons et les reflets du soleil. Ici, on n'aime pas beaucoup cette couleur. On dit qu'elle est la préférée du diable, qu'elle rappelle le feu et l'enfer.

Les murs des maisons sont en pisé. Le pisé est de la terre argileuse mélangée avec des cailloux et de la paille, puis comprimée. C'est beaucoup moins résistant que la pierre ou le béton. Mais c'est mieux ainsi, car on dit que le béton n'aime

pas la nature, qu'il mange les arbres et les plantes, et qu'il détruit la beauté du paysage.

Dans le village, il n'y a pas de pierres, mais des puits. Il n'y a pas de route goudronnée, ni de panneaux de signalisation. Il n'y a que des pistes tracées par les animaux et les hommes. Les rares voitures qui empruntent ces pistes tombent souvent en panne. Les routes sont pleines de crevasses, de caillasses et de bouts de bois. C'est ce qui attaque les automobiles. Les gens qui viennent par là se trompent de chemin. Ils se perdent et en plus, ils cassent leur voiture. Quand on voit arriver une auto, on se précipite pour l'arrêter avant qu'elle ne tombe dans un trou. On sait qu'elle a pris la mauvaise route.

Le ciel

Le ciel est souvent tout blanc. On dit qu'il prépare la pluie. Mais la pluie ne tombe pas. Il doit préparer autre chose. On dit aussi qu'il garde derrière le voile blanc les rêves des enfants.

Je rêvais beaucoup quand j'étais petit. Je préférais dormir et rêver plutôt que courir dans la poussière derrière les chiens affamés. Mes rêves étaient en couleur et en musique. Je voyais de la lumière dans les arbres et sur les visages des autres enfants. J'inventais des histoires, je les mélangeais, je les croisais avec ma petite vie. Je les voyais s'inscrire sur le ciel et je ne savais pas lire. Mon personnage favori s'appelait Sin parce qu'il m'apparaissait couché comme la lettre

arabe S. Il avait des enfants qui l'entouraient, certains avaient des ailes mais ne volaient pas. Je voyais aussi le visage de mon grand-père maternel qui nous avait quittés un jour de fête. Je l'aimais bien, alors je le revoyais dans le ciel.

On dit que le grand ciel est un livre où les mots sont des étoiles, et la Voie lactée un fleuve où coulent toutes les musiques du monde.

On dit que c'est le cimetière des anges, les enfants emportés tôt par la maladie. Le ciel les ferait monter pour surveiller les étoiles qui ne tiennent pas en place et filent vers d'autres galaxies. Dans mes rêves il m'arrivait d'apercevoir mon ami Momo, mort subitement après une forte fièvre. Je sais qu'il se porte bien même s'il s'ennuie là-haut.

On dit que le grand ciel est la mer du monde, le miroir de tous les océans. Je n'avais jamais vu une mer aussi immense, limpide et sans tempête. En fait j'imaginais les yeux de la mer et je les retrouvais au-dessus de ma tête.

On dit tant de choses sur le ciel qu'il finit par se moquer des habitants. Comment ? En se vidant de ses nuages sur la ville et en oubliant d'arroser les champs du village. En faisant la grimace à ceux qui espèrent sa clémence. Le ciel est trop grand et n'entend pas les prières des gens. Petit, il m'arrivait de m'adresser à lui. Je lui parlais doucement, comme si je faisais des confidences. Mais il ne me répondait pas, je n'entendais pas de voix. Pourtant je savais que le ciel ne parlait pas.

Les pauvres et les prophètes

Le ciel n'aime pas les pauvres. Personne ne les aime. C'est ce que m'a dit un jour mon grand-père. Il avait réfléchi avant de me confier cette vérité, injuste et cruelle.

Mais qu'est-ce qu'être pauvre ? Pas besoin d'imaginer des choses extraordinaires, il suffit de nous regarder, d'observer nos mines, nos yeux sans lumière, nos pieds nus et la poussière sur les mains.

Être pauvre en Afrique, c'est banal, ça ne surprend personne. Nous avons pris l'habitude de manquer de tout et de ne pas protester.

Être pauvre dans notre village, c'est se réveiller le matin en se demandant si la journée se passera sans que les enfants ne crient à cause de la faim, c'est lire dans les yeux d'une mère l'appel de la délivrance quand la fièvre monte et fait mal, c'est perdre le goût à la vie parce que la vie nous a oubliés. Comme Dieu, comme le ciel. Nous sommes les oubliés des hommes et du ciel.

Être pauvre, c'est ne pas avoir de chance, ou plus précisément, c'est n'avoir rien, pas même des fèves pour le temps de la sécheresse. C'est n'avoir que ses mains, ses bras et ses grands yeux pour surveiller l'horizon. Ici, tout le monde a les yeux tournés vers l'horizon. Seuls ceux qui se trompent de chemin viennent vers nous. Dès qu'ils nous voient, ils prennent peur et repartent en courant. Ils ne s'imaginent pas que des gens aussi démunis, aussi pauvres, puissent exister.

On pense que le sauveur viendra de cet horizon qui bouge et tremble sous le soleil. De là surgiront de nouveaux prophètes. Ici, nous croyons à tous les prophètes, les vrais et les faux, les grands et les petits, ceux qui parlent notre langue et ceux qui ne parlent pas, ceux qui ne font qu'apparaître les jours de fête. Nous croyons tellement en eux qu'ils finissent par s'en aller parce qu'ils ne peuvent rien pour nous. Même un prophète qui s'arrêterait là par hasard, ou par pitié, s'en irait.

À quoi ressemble un sauveur ? À un troupeau de chameaux qui apporterait des victuailles à tout le village ? À un magicien qui viendrait sur un cheval blanc, muni d'une baguette magique, pour rendre la terre fertile et les hommes plus travailleurs ? À un oiseau de proie qui abandonnerait sa rapacité et pousserait les nuages jusqu'à en faire de la pluie ? À un prophète aux yeux clairs et à la chevelure dorée qui parlerait du Bien et du Mal, du paradis et de l'enfer, et promettrait la fin de la misère si on suivait ses ordres ?

Non, le sauveur ne sera ni prophète ni magicien. Avant de mourir, mon grand-père me l'a dit : il sera tous les hommes qui s'unissent, travaillent la terre, réclament leurs droits et empêchent la famine de s'installer au village. Si nous avons faim, c'est parce que d'autres hommes aimant l'uniforme et la parade, des hommes voleurs et pillards, menteurs et assassins, se sont emparés des terres et de l'eau. Ils parlent avec des armes, remplissent leurs ventres des biens d'autrui et dorment sans faire de cauchemars.

L'Afrique est la mère de l'humanité, c'est là qu'est né le premier homme. C'est cette Afrique qui est pillée par des Blancs et des Noirs, par des gens d'ici et d'autres venus d'ailleurs, de loin, de très loin. Notre pays n'est pas pauvre, ses richesses, nous ne les voyons pas, nous n'en profitons pas, elles vont ailleurs, loin du pays.

L'école et la mosquée

Au village, l'école est dans la mosquée. Plus précisément : la mosquée sert d'école. On y entre en se déchaussant, sauf qu'ici, la plupart des enfants n'ont pas de chaussures. Ils ont les pieds sales et recouverts de poussière. La terre est sèche. Les murs sont rouges. Des pèlerins de retour de La Mecque, la ville où la religion musulmane est née, y ont dessiné un avion ou un bateau. Quelqu'un a dessiné un dromadaire.

Il y a longtemps, on partait à La Mecque à dos de chameau. On mettait des mois à faire le voyage. Il fallait mériter le pèlerinage. Car le bon musulman est celui qui ne choisit pas la facilité pour accéder aux lieux saints de l'islam. Quand il revient du pèlerinage, il porte le titre

de *hadj*, qui veut dire pèlerin, soit celui qui a eu la chance de se recueillir à Médine sur la tombe du prophète des musulmans, Mohammed, appelé par les Européens Mahomet.

Aujourd'hui, on se déplace surtout par avion. Les gens du village, eux, ont le temps. Ils n'ont aucune raison de se presser pour arriver à La Mecque. Le temps, c'est l'unique chose qui ne manque pas au village. Ce n'est pas comme l'eau ou les céréales, qui sont rares.

L'année dernière, seuls le chef et son neveu ont pu aller à La Mecque. Ici, il n'y a pas d'argent. Tout le village s'est cotisé pour payer le voyage à Baba et à Moha. Ce fut l'événement le plus important de la saison. Tous deux étaient chargés de prier pour que le village soit sauvé, c'est-à-dire épargné par la sécheresse et la famine.

Je ne voudrais pas médire de la prière, on me punirait pour cela. Non, la prière c'est bien, surtout dans une mosquée, mais je ne pense pas qu'elle remplace la volonté et l'action. Même Dieu n'a jamais dit qu'il suffit de prier pour faire reculer la famine et l'injustice. Je me demande parfois si Dieu n'est pas utilisé par les hommes pour couvrir leurs mauvaises actions. C'est curieux, plus on est pauvre, plus on fait appel à Dieu. En tout cas c'est ce qu'on peut constater dans notre village. Mes parents prient tout le temps. Moi, je doute de l'efficacité de ces prières, mais je ne le proclame pas.

La vie en ville

Je connais bien cette terre ; j'ai failli y perdre mes yeux. C'est une terre chargée de poussière et de microbes qui donnent le trachome, une maladie des yeux contagieuse. Heureusement, j'ai été soigné en ville et grâce à mon oncle, chauffeur de taxi, j'ai eu la possibilité d'étudier. J'ai eu de la chance, beaucoup de chance. Le jour où je suis parti, j'ai eu la bénédiction de mes parents. Ma mère a brûlé de l'encens et j'ai dû enjamber sept fois le petit brasero où des braises rouges consumaient l'encens. Cela ne sentait pas bon. Je me bouchais le nez et je faisais ce que ma mère me disait de faire.

Je ne crois pas à ces pratiques, mais j'obéissais à ma mère pour ne pas la contrarier ni lui faire de peine. Toute la famille était venue me souhaiter bonne chance ! On aurait dit que je partais à l'étranger, comme mon oncle Bédyé qui a émigré en France, où il balaie les rues d'une grande ville. Il n'est revenu qu'une fois. Il a dormi tout le temps.

En ville, j'habitais chez mon oncle Issa. Sa femme n'était pas contente. Elle m'appelait « prrouci » (en roulant les r). Il faut que je vous explique : « prrouci », ça veut dire « procès », c'est l'amende qu'un chauffeur de taxi doit payer quand il a fait une faute. Pour elle, j'étais donc une contravention, quelque chose qui lui était imposé. Ce n'est pas gentil d'assimiler son neveu à une amende. Pourtant je ne disais rien. Ma mère m'avait prévenu : être poli, bien se tenir, être propre, se faire tout petit, ne pas parler à voix haute, ne pas interrompre les gens qui parlent, rendre service, aider à faire le ménage, ne pas protester, ne pas répondre à la femme de mon oncle. Je comprenais les inquiétudes de ma mère. Les habitants des villes ne sont pas aussi hospitaliers que ceux de la campagne.

Quand je suis arrivé, mon oncle m'a expliqué qu'en ville, les gens ont une autre mentalité :

– Ici c'est l'argent qui est roi. L'argent est le

chef du village et de tout ce que nous faisons. Sans argent, personne ne te connaît. C'est pourquoi je travaille tous les jours de la semaine et la nuit, parce que les autocars arrivent aussi au milieu de la nuit et les voyageurs ont besoin de prendre un taxi pour rentrer chez eux. Les bus ne marchent pas la nuit, heureusement, ça me fait un peu d'argent en plus. L'argent, l'argent, les gens ne parlent que de ça, comme si la vie était un immense billet de banque. Tu imagines, ce morceau de papier est plus important que l'amitié ou l'amour entre les humains ! Au début ça me choquait, mais j'ai dû me rendre à l'évidence et j'ai fait comme tout le monde. Moi aussi, je cours après l'argent, et c'est normal. Un jour il m'est arrivé de me disputer avec un autre chauffeur de taxi qui tentait de me voler des clients… Tu vois, mon petit, ici, l'argent c'est tout, alors quand je reviens au village, je t'avoue que ça me repose un peu…

Moi, à cette époque, j'allais au collège, j'apprenais bien mes leçons, et le soir, je travaillais comme serveur dans un café. Je mangeais les restes des sandwichs que les clients laissaient sur la table. Les jours fastes, j'avais droit à un vrai repas : purée de fèves, bol de riz et limonade.

Le vendredi, j'accompagnais mon oncle au hammam. J'aimais les gouttes d'eau qui perlaient le long des murs, dont certaines tombaient du plafond et glissaient sur ma nuque. J'aimais aussi la vapeur et les cris des hommes qui se faisaient masser par des colosses. Au village nous n'avions pas de hammam aussi grand. Je me lavais près du puits avec un seau d'eau. Pas plus. J'avais droit, une fois par semaine, à ma part d'eau. En ville, l'eau passe par toutes les maisons. Mais les gens oublient que c'est un don du ciel et ils la gaspillent. Moi, je sais que l'eau c'est la vie. Les gens de la ville croient que c'est l'argent qui est la vie. Mais comment leur dire qu'ils ont tort ? Peut-être qu'ils ne veulent pas savoir ce genre de choses. Mon grand-père disait : « Seul celui qui reçoit un coup de fouet sait le mal que ça fait. »

Après le collège, où j'ai appris l'histoire et la géographie des cinq continents, où j'ai lu des livres d'aventures et d'amour, j'ai été initié à l'algèbre et à la géométrie, j'ai obtenu un diplôme appelé brevet. J'étais tellement fier d'avoir un certificat prouvant que j'avais réussi mes examens ! Puis mon oncle m'a inscrit dans une école où on apprend à enseigner. J'étais logé, nourri, et à la fin du mois on me donnait un salaire. Pour la première fois de ma vie j'avais mon propre argent. Je me souviens encore du jour où mon oncle m'a accompagné à la banque pour échanger un chèque contre des billets de banque. Je tremblais. Tout à coup j'étais riche. Mon oncle m'a même dit que j'étais plus riche que lui.

Je n'osais pas dépenser cet argent. Je le gardais pour le montrer à mes parents, avant de le donner à ma mère quand je revenais au village. Enfin, elle pouvait s'acheter du tissu pour faire des robes. Au village, le marchand de tissus passe une fois par mois. Les femmes l'attendent avec impatience. Ma mère était fière de le payer avec des billets de banque. D'habitude les femmes le payent avec leurs bijoux.

Au bout de trois ans de cette école, j'étais prêt pour être instituteur. Je me suis acheté un costume européen et des chaussures qui font mal, et surtout, j'ai pu changer de lunettes. Et avant de quitter la ville, j'ai offert à la femme de mon oncle un grand morceau de tissu en soie qui lui a beaucoup plu. Elle n'était plus désagréable avec moi.

Deuxième partie

L'instituteur

Aujourd'hui, je suis le nouvel instituteur du village. En fait je dois être le premier enseignant désigné par le ministère à ce poste. Je viens de recevoir une lettre d'affectation, et je ne sais pas encore quel sera mon salaire en tant que nouveau fonctionnaire de l'État. Peut-être que je serai payé en sacs de blé américain ? J'avoue que je ne me préoccupe pas trop de cette question. Je n'ai pas été contaminé par la mentalité des gens de la ville. L'important pour moi, c'est de revenir dans mon village natal et d'y être utile. Je ne veux pas me retrouver à ne rien faire, comme la plupart des hommes qui se réunissent sous l'arbre et somnolent en attendant que Dieu descende sur terre.

Un jour, pour vérifier une petite intuition, j'ai attendu Dieu. J'ai attendu longtemps et personne n'est venu. Pas même un chat. C'est alors que j'ai compris que Dieu était très occupé ailleurs et que de toute façon, il ne descend jamais sur terre ni ne se mêle aux humains. C'est là aussi que j'ai compris que Dieu est partout. On ne le voit pas mais on sent sa présence.

La rentrée des classes

Au village, comme partout ailleurs, le premier jour de classe est une fête, mais pas une fête comme les autres. Le jour de ma rentrée, les élèves chahutaient, criaient et lançaient des morceaux de craie. Ils s'amusaient. Pour eux, l'école était une récréation, une aventure qui rompt l'ennui de tous les jours. Dès le matin, ils ont accouru pour voir si le maître avait une bonne tête.

Moi-même, je me suis demandé si j'avais une bonne tête et ce que cela signifiait. Est-ce que cela signifiait être gentil tout en étant sévère ? Or je crois que je ne suis ni trop gentil ni très sévère. Est-il possible d'avoir une bonne tête dans le village du néant, là où pas un saint n'est enterré, où pas un prophète ne s'est arrêté ?

Je devais me faire à l'idée que pour ces enfants, l'école, c'est comme le cirque qui passe par là une fois par an. Que représente l'école pour un enfant qui ne mange pas à sa faim ? Comment lui expliquer qu'il est nécessaire de passer par là pour ne plus souffrir de la faim un jour ?

J'ai distribué aux élèves des cahiers et des crayons envoyés par la France, et des buvards venus de Belgique. Il y avait trente enfants, garçons et filles. Tous étaient passés par l'école coranique. Certains savaient lire et écrire. Ils avaient des yeux vifs et des corps secs. Comme moi. Je suis long et maigre. En plus, j'étais content de porter mes nouvelles lunettes. Non seulement je voyais mieux, mais elles rendaient mes idées claires.

Les élèves étaient assis par terre. On m'avait dit que les tables et les chaises devaient arriver dans le courant du mois. Ce serait le cadeau des Canadiens. Pour le moment, il fallait se débrouiller. Et le tableau noir ? Ce serait le cadeau du menuisier le plus riche de la ville. On l'attendait. Mais il ne viendrait pas tout seul. Il faudrait aller le chercher et le transporter sur le toit de la camionnette de l'épicier qui passe tous les quinze jours au village.

Cette école qui ne ressemble pas encore à une école devrait inscrire sur les murs les noms de tous les donateurs, de toutes les personnes généreuses qui font la charité pour que les petits Africains puissent s'instruire. Et comme on m'a appris qu'il fallait dire merci quand on me donne quelque chose, je dirai un grand merci au menuisier le jour où il m'apportera le tableau noir qu'il m'a promis. Car on peut se passer de chaises, mais pas de tableau. D'ailleurs, dès que je verrai mon oncle, je lui demanderai de le rappeler au menuisier.

C'est un menuisier né dans le village. À vingt ans, il est parti travailler en Belgique. À trente-cinq, il est revenu et s'est installé comme menuisier. Je ne connais pas son nom, mais tout le monde l'appelle «Nuisié».

Pendant que je faisais l'appel, les enfants riaient. Ils aiment rire.

Sont-ils insouciants ou simplement heureux? Malgré les difficultés de la vie, ils sont gais.

De moins en moins d'élèves

Le deuxième jour j'ai constaté que deux élèves manquaient. Étaient-ils malades ou s'étaient-ils perdus dans la nature ? Personne ne répondait. Deux absents sur trente, ce n'est pas grave. Ils reviendraient le lendemain. Mais le lendemain, ils ne sont pas revenus. Et il y avait trois absents en plus. Cinq élèves sur trente, ce n'est pas grave, mais tout de même, je n'étais pas rassuré. Pas de parents pour les excuser ou m'expliquer ce qui se passait.

Les enfants ne disaient rien. Or je suis l'instituteur, le directeur, l'homme de ménage et le gardien des lieux.

Malgré une légère inquiétude, j'ai donné mes cours. Cependant, le nombre d'élèves absents augmentait au fil des jours. De cinq, on est passé à dix, puis à quinze absents. Si bien qu'au bout d'un mois, je me suis retrouvé avec la moitié des élèves.

– Où sont passés les quinze autres ?

Dès que j'ai posé la question, les élèves ont éclaté de rire et toutes sortes de réponses ont fusé.

– Ils sont malades, la diarrhée, monsieur, la diarrhée.

– Ils sont partis à l'étranger, ce sont les nouveaux émigrés, monsieur.

– Ils sont tombés dans le puits, ou plus exactement, deux sont tombés dans le puits et cinq sont descendus les chercher, mais personne n'est remonté !

– Ils sont allés vendre le bétail au marché, car il n'y a plus d'herbe pour nourrir les moutons, monsieur !

C'est alors que j'ai décidé d'en parler au chef du village, Hadj Baba. Je lui ai donné rendez-vous en fin d'après-midi sous l'arbre du village. Les hommes, toujours les mêmes, étaient assis, le dos contre le tronc, et attendaient... quelqu'un ou quelque chose. Ils ne semblaient ni inquiets ni pressés. Ces hommes ont pris l'habitude de parler avec lenteur, sans se soucier des problèmes du village. De temps en temps, ils regardent le ciel. Ils attendent un signe de Dieu, comme s'il habitait le ciel.

Hadj Baba est arrivé en chassant de la main les mouches qui tournaient autour de sa tête.

– Les enfants sont des cailloux, il m'a dit, des branches d'un arbre qui perd ses feuilles, des mots bleus, des éclats de rire... Ils vont, ils viennent, ils passent et ne laissent pas de traces... Tu dois savoir tout ça, toi qui reviens de la ville ! Ils n'ont pas encore l'habitude d'aller régulièrement à l'école. Ou peut-être qu'ils ne te prennent pas au sérieux. Tu es trop jeune, tu comprends, tu ressembles à un adolescent. Pour eux, le savoir doit être enseigné par un homme d'expérience, un vieil homme à la barbe blanche, un homme qui sait parler aux arbres et aux animaux. Toi, tu reviens de la ville et tu as oublié ton village. Nos enfants nous échappent ; ils sont comme le vent, ils soufflent là où on ne les attend pas.

« Tu as été enfant il n'y a pas très longtemps, je me souviens de toi, les yeux vifs et le corps si maigre, tu passais ton temps à courir derrière les papillons. Tu imaginais trouver des papillons dans ce trou perdu où pas une fleur ne pousse. On t'appelait l'enfant-papillon ! Tu étais mignon, et puis un jour tu es parti, tu es allé en ville et là je ne sais pas ce qu'on t'a fait ni ce que tu as appris.

– Justement, c'est parce que j'aime mon village que je suis revenu pour me rendre utile. Alors je ne comprends pas pourquoi ils ne viennent pas à l'école.

– Ah ! l'école ! Tu appelles cette ruine une école ? Tu n'as même pas de tableau. Quant aux tables et aux chaises, tu pourras toujours attendre. Pourquoi veux-tu que ce village perdu soit bien traité par les gens de la ville ? Tu es naïf, mon fils. Et puis, est-ce que tu as vu l'état du bétail ? Tu n'étais pas là l'année dernière. Pas une seule goutte de pluie. La mort rôde autour de ces collines. Tiens, assieds-toi et regarde le ciel. Si tu as la patience, tu apprendras que le ciel est vide et qu'il ne nous réserve aucun bien. Nous sommes maudits. En tout cas, depuis la mort de notre marabout, le village ne cesse de mourir. Alors l'école…

– J'ai été officiellement nommé pour donner des cours dans cette école.

– Très bien, et après ? Nous sommes avant tout

victimes de la sécheresse. La sécheresse du ciel et
des hommes. Alors pourquoi les gens de la ville
n'ont-ils pas nommé plutôt quelqu'un pour nous

aider à lutter contre la faim ? Pourquoi est-ce qu'on ne nous envoie pas des machines pour distribuer l'eau ? Nous sommes oubliés, nous n'existons plus. Tu me vois, je suis là... Tends la main, essaie de me toucher, tu ne sentiras rien, car je n'existe pas, nous sommes des fantômes, des squelettes assis sous l'arbre, nous sommes là depuis des millénaires et personne ne s'intéresse à notre sort. Nous sommes morts, nos bêtes sont mortes, nos rêves sont morts, et toi tu fais toute une histoire pour quelques gamins qui se sont absentés !

– Vous avez peur d'une épidémie ?

– C'est quoi une épidémie ?

– Une maladie qui atteint tout le monde.

– Non, je n'ai pas peur de la maladie, ni de la mort. Regarde autour de toi, qu'est-ce que tu vois ? Du sable, des pierres, un arbre, celui sous lequel nous sommes assis, du vide, du vent, de la poussière, un fou qui parle tout seul, et cette mosquée transformée en école. Voilà, c'est tout. Si la maladie vient, elle repartira. Car elle ne trouvera rien et elle n'aura personne chez qui habiter. C'est ça notre chance, et notre malheur. Nous mourrons tout seuls. Pas besoin de maladie. Ici, les gens meurent en dormant. Ils ne se réveillent pas. C'est tout. Ne t'en fais pas, si les enfants disparaissent, ils reviendront.

– Il faut que j'aille chercher les enfants pour les ramener à l'école.

– Si tu les trouves. S'ils n'ont pas été avalés par un puits, un puits sec, un trou où se tient actuellement le congrès des scorpions et des serpents à sonnette. Les enfants nous échappent, comme les paroles, ils s'envolent et partent avec les rares nuages qui s'arrêtent au-dessus de nos têtes.

Les hommes assis autour de l'arbre ont acquiescé en souriant et plusieurs se sont exclamés :

– Les enfants ? Quels enfants ? Les nôtres ou ceux du village des singes ?

– Les enfants à l'école ! Mais pour quoi faire ?

– Je suis d'accord pour que les garçons aillent à l'école, mais les filles, jamais !

– Les enfants c'est comme les mouches, ils tournent autour de nous et ne font rien, alors on les laisse libres. Oui, nos enfants sont libres !

À ces mots, j'ai réagi.

– Je parlerai à leurs parents.

– C'est une idée, mais elle ne te fera pas avancer. Tu ferais mieux de circuler et d'aller regarder un peu au loin…

Aussitôt, j'ai pris mon vélo, j'ai tourné en rond pendant un moment, puis je suis parti à la recherche des enfants. Un vent léger soulevait le sable. J'avais les yeux pleins de poussière jaune.

Un peu plus loin, j'ai rencontré un berger, de dix ou onze ans, je lui ai expliqué ce que je cherchais et il m'a indiqué du doigt une bâtisse à l'horizon, une bâtisse blanche que je ne connaissais pas. Et il a ajouté que lui aussi aimerait bien y aller, mais il ne trouvait personne pour garder les moutons.

– C'est quoi, cette bâtisse blanche ?

– C'est une grande maison, sans fenêtres. Quatre murs de pierre et un toit en métal, c'est tout, mais elle est plus grande que la mosquée et il n'y a pas de minaret.

– Qu'est-ce qu'on fait dans cette bâtisse blanche ?

– On gagne de l'argent.

– En faisant quoi ?

– Je ne sais pas, mais tous ceux qui y vont ressortent avec de l'argent. Même mes brebis sont attirées par cette bâtisse blanche. Moi, je n'ai jamais eu d'argent, mais j'ai décidé qu'un jour, je partirais le matin et je reviendrais le soir avec de l'argent. Je crois que je ne reviendrai pas ici, j'irai en ville. Là-bas, on a tout avec de l'argent. Ici, on n'a que du vent et de la poussière. Et je passe mon temps à compter le bétail. J'ai donné un nom à chaque brebis. La plus grosse, je l'ai d'ailleurs appelée «Bâtisse blanche». L'ennui, c'est qu'elle est noire!

À l'intérieur
de la bâtisse blanche

La porte de la bâtisse était fermée. Je l'ai forcée. Un gardien m'a menacé avec un gourdin. J'ai reculé et attendu. Quelques instants plus tard, je lui ai proposé quelques cigarettes et il m'a ouvert la porte.

Je suis entré dans un long couloir, au bout duquel je me suis trouvé face à une salle où une centaine d'enfants étaient en train de coudre des morceaux de cuir blanc et noir. Au fond, une dizaine de très jeunes filles faisaient marcher des machines à coudre. Je les ai tout de suite reconnues : c'étaient mes élèves et elles étaient en train de fabriquer des ballons de football et des chaussures. Il y avait aussi des garçons.

Sur les murs étaient accrochées des affiches de publicité où l'on voyait un grand sportif noir s'apprêter à courir. Le sigle de la marque ressemblait à un grand accent grave peint en blanc sur fond noir. Que représentait cet accent grave ? Un oiseau sans tête ? Un pied arraché ? Une vague, ou une simple flèche mal dessinée ? Je n'en savais rien mais j'ai lu : « Les baskets du troisième millénaire », « L'esprit de la victoire ».

Quelle victoire ? Celle qui fait travailler des enfants, celle qui les détourne de l'école pour les exploiter parce qu'ils sont pauvres et ne peuvent pas se défendre ?

La tête baissée, les enfants travaillaient en silence et vite. Les objets confectionnés étaient testés par un chef blanc, puis mis dans des boîtes en carton. Je me suis approché. Il s'est étonné puis m'a demandé :

— Je suppose que tu es l'instituteur ?

— Oui.

— Tes élèves préfèrent mon atelier à ton école. Au moins, ici, ils gagnent de l'argent.

— Mais ce sont des mineurs, vous n'avez pas le droit de les faire travailler.

— Je ne les oblige pas. D'ailleurs toute ta classe est là. Tu pourrais même leur faire cours pendant qu'ils déjeunent. Parce que je leur donne aussi à manger. En Amérique, ils utilisent des machines. Ici, c'est la main qui coud. C'est du solide. À présent, dégage.

– Je vais porter plainte. Je vous rappelle l'article 4 de la Déclaration universelle des droits de l'homme : «Nul ne sera tenu en esclavage ni en servitude ; l'esclavage et la traite des esclaves sont interdits sous toutes leurs formes. » Vous m'entendez : «Sous toutes leurs formes». Le travail des enfants, c'est de l'esclavage. Il est puni par la loi.

– Tu dégages ou je t'explose la tête avec ce gourdin. Ici, on n'a pas besoin de gens qui nous font la morale. Demande-leur de te suivre. Tu verras que pas un gamin ne quittera sa place. Si tu veux mon conseil, il vaudrait mieux que tu t'en ailles.

Les élèves n'osaient pas me regarder en face. Était-ce la peur ? Ou la honte ? J'ai essayé de m'adresser à eux, mais le chef blanc m'a repoussé jusqu'à la porte, et je me suis retrouvé dehors, ne sachant que faire de ma rage.

«Faire travailler des enfants au lieu de les laisser aller à l'école, quel malheur ! C'est de l'exploitation et de l'esclavage», pensais-je.

Le gardien m'a reconnu, m'a regardé d'un air embarrassé, il a tenté de se justifier.

– J'ai deux enfants à l'intérieur, mais après la saison, je te promets qu'ils retourneront à ton école. Pour le moment, ils nous rapportent un peu de sous, tu comprends.

De retour au village, j'ai informé Hadj Baba qui a hoché la tête et m'a répondu :

– Tu n'es pas plus fort que le vent, ni plus cruel que le ciel. La terre a soif et le bétail est en mauvais état. Un dollar par jour et par enfant, ce n'est pas rien. L'école est là, elle ne bougera pas.

Alors patiente, dès que ça ira mieux, tu reprendras tes cours. Le savoir peut attendre, pas le ventre de l'homme. Tu sais, les pauvres, personne ne les aime. C'est ainsi, il n'y a rien à faire. Remarque, tu pourrais te plaindre au ciel, à Dieu… Je dirais même plus, tu as raison, il vaut mieux l'école que la fabrique. Hélas, on n'a pas le choix. Ah ! apprendre l'histoire et la géographie, les mathématiques et les sciences, la technique et la médecine… C'est important, mais pour nous, en ce moment, c'est un luxe. Nous avons été abandonnés, nous crevons, nous vivons de ce que les gens de la ville veulent bien nous donner. Alors l'école, ce sera pour une autre fois. Sois patient, reste avec nous, je suis sûr que tu trouveras des solutions à ce problème.

À la fin de la journée, je suis repassé à l'école, j'ai regardé les nattes par terre, les murs fissurés, et j'ai entendu les cris des enfants, puis le silence. Que faire dans une classe vide ? Je n'avais personne avec qui parler. J'ai pensé que je pourrais attendre que les enfants reviennent. Une semaine, un mois… Peut-être plus.

Attendre en lisant. Aller en ville chercher les chaises et les tables.

Mais je n'avais pas d'argent.

C'est alors que l'histoire du petit Pakistanais, l'esclave aux chevilles enchaînées et aux doigts déformés pour avoir noué des milliers de nœuds dans une usine de tapis d'Orient, m'est revenue en mémoire. Qui aurait jamais connu le nom de ce jeune garçon parti en guerre contre l'esclavagisme s'il n'avait pas été tué ?

Il s'appelait Iqbal Masih, il avait douze ans et de la lumière plein le visage, et il fut le premier à dénoncer les conditions de travail en proclamant au monde entier : « N'achetez pas le sang des enfants ! »

Je ne sais pas à quelle heure mes élèves se rendaient à la fabrique, mais les enfants des tapis d'Orient, eux, se levaient à quatre heures du matin et travaillaient enchaînés douze heures durant. Alors, soudain, j'ai eu envie de crier : « N'achetez pas la sueur des enfants ! », « Ne marchez pas avec ces chaussures tachées de sang ! » Et j'ai répété son nom comme une prière : « Iqbal Masih, Iqbal Masih… »

J'avais compris. Au prochain cours, je raconterais la vie d'Iqbal Masih, son calvaire, son courage et sa mort. Car dans le cœur de tous ceux qui luttent contre l'injustice, il n'est pas mort.

J'ai ramassé mes affaires, quelques cahiers, des livres et le dictionnaire. J'ai mis un peu d'ordre dans la pièce ; il n'y avait pas grand-chose à ranger. Et je suis sorti sans me retourner, comme si j'avais un mauvais pressentiment. J'étais en colère, je parlais tout seul, j'aurais voulu rencontrer quelqu'un sur qui déverser ma rage. Puis j'ai pris mon vélo pour aller jusqu'en ville.

Peu à peu j'ai compris qu'il valait mieux se calmer, non pas accepter les choses sans réagir, mais au moins apprendre à maîtriser sa colère. J'ai repensé à ce que disait notre maître, le sage, un homme modeste, celui qui m'a appris l'humilité et la patience. Il parlait en souriant :

— La misère n'est pas une fatalité, ni quelque chose d'inévitable. Il n'est écrit nulle part que ce village est destiné à rester maudit, sans prospérité, sans eau, sans école, sans avenir. Il faut abattre la fatalité et la réduire en poussière. Il ne faut pas baisser les bras et attendre comme des animaux.

« Les vieux, ceux que j'appelle les mauvais vieux, sont des fainéants. Ils passent leur temps à parler pour ne rien dire, ils répètent les mêmes phrases à l'infini, comme si ces mots dits plusieurs fois et sur des tons différents allaient les sauver. Ils sont là, assis, le dos contre le tronc de l'arbre, et se donnent des airs de sages, alors qu'ils ne sont que des paresseux. On dirait qu'ils ont été piqués par la mouche de la paresse, la mouche du sommeil et de la nonchalance. Non, cette mouche n'existe pas ! Seul un insecte étrange, une sorte de moustique né de leur lassitude, rôde autour d'eux. Car ils ne bougent pas. Ils attendent que le blé descende du ciel. Mieux, que le blé se transforme en pain et qu'il tombe dans leur bouche.

Sur le chemin j'ai rencontré mes élèves groupés. Curieusement, ils étaient calmes et disciplinés, et ils parlaient à voix basse. Ils sont venus vers moi et m'ont entouré, m'empêchant ainsi d'avancer. Certains ont immobilisé mon vélo et m'ont obligé à le lâcher. C'est à ce moment que, sur leur visage et dans leurs yeux, je crois avoir lu une prière : « Reste ! » Je crois même avoir entendu quelque chose comme : « On a besoin de toi, on a besoin de vous, restez, ne partez pas, bientôt on reviendra. »

J'ai dû reculer et faire demi-tour, poussé par tous ces enfants serrés les uns contre les autres. Je n'ai pas pu faire autrement. Impossible de leur résister. Leur réaction m'a touché.

Ils se sont emparés de mon cartable et m'ont
raccompagné jusqu'à l'école. Et j'ai décidé de
rester dans ce village. J'ai compris que ma visite

à l'atelier avait dû les faire réfléchir. Ils avaient dû parler entre eux. Le fait de ne pas aller à l'école ne signifie pas qu'ils sont stupides.

Le soir même, j'ai ouvert le dictionnaire et je me suis promené à travers la forêt des mots et de leur histoire. Puis je me suis endormi, bercé par une brise venue de cette forêt qui m'est très précieuse.

Quelques jours plus tard, le berger est venu frapper à ma porte. Il m'a d'emblée annoncé :

— Mon père n'est plus malade. Il a repris son troupeau et moi je viens à l'école.

— Tu n'as plus envie d'aller à la fabrique ?

— Non, le chef est méchant, il m'a empêché de sortir faire pipi, puis j'ai réfléchi, j'ai envie d'apprendre à lire, à écrire, à calculer, à conduire un camion, à connaître le nom des étoiles, à faire beaucoup de choses. Même mon père refuse que je devienne berger comme lui. Il a raison, ça sert à quoi d'être berger ?

— Mais je ne pourrai pas ouvrir l'école pour un seul élève.

— Je ne serai pas seul.

— Ils reviennent, les autres aussi ?

— Diallo, oui, c'est celui qui n'a qu'un bras, la fabrique n'en a pas voulu. Moh, celui qui a un œil mangé par la poussière, il ne s'est même pas présenté à l'embauche. Souleymane, celui que le chef blanc a renvoyé parce qu'il ne travaillait pas assez vite. Félix, celui qui ne parle avec personne et qui joue avec les scorpions ; ses parents ont un verger de l'autre côté de la colline. Hamad, celui qui a une jambe plus courte que l'autre. Omar, celui qui bavarde tout le temps, il a été renvoyé. Et deux autres enfants de l'oasis, qui viendront à dos d'âne parce qu'ils ont entendu parler de notre école et qu'ils croient qu'avec l'école ils deviendront des chefs de leur tribu. Et puis il y a Modibo, le petit gros qui aime l'école, et sa sœur jumelle, Aïsha, ils ne se quittent jamais. Voilà, tu vois, il y a de quoi faire une petite classe... en attendant.

Avec une douzaine d'enfants, je ferai une bonne classe, je me suis dit. Mais cette fois-ci, il fallait attirer l'attention des élèves de manière plus astucieuse. Je ne pouvais pas leur donner de l'argent, mais j'avais les moyens de les captiver et de les gagner en leur racontant des histoires tantôt vraies, tantôt inventées...

Ce lundi-là, je me suis réveillé de très bonne heure et je suis allé à l'école. La classe était propre, tout était parfaitement rangé. Il ne manquait plus que ma petite douzaine d'enfants. J'ai mis ma chemise blanche, mon pantalon noir, et j'ai attendu à la porte. Bientôt, les élèves sont arrivés en deux groupes, tous à pied, à part les deux frères qui avaient chacun leur âne.

J'ai installé les élèves et commencé par leur poser une devinette.

– Vu que nous avons deux ânes qui attendent dehors, aujourd'hui je vais vous proposer une colle : qui pourrait m'expliquer le dicton des villes qui pose la question suivante : «Que comprend l'âne au gingembre ?»

Devant le silence de la salle, j'ai dû expliquer ce qu'était le gingembre.

– C'est une épice très forte qui donne du goût aux tajines. Une épice subtile, qui a plusieurs vertus et plusieurs qualités, et qui est utilisée par certains comme un médicament.

– Mais l'âne ne comprend rien, on dit qu'il n'est pas intelligent, a répliqué aussitôt le petit berger.

– Justement, il est incapable de comprendre quelque chose d'aussi complexe et d'aussi subtil que le gingembre.

– Qu'est-ce que ça veut dire, «subtil» ?

– C'est le contraire de ce qui est épais, lourd, ou grossier. Ce qui est subtil, c'est ce qui est de nature à pénétrer avec finesse dans la préparation d'un plat, comme le parfum, le bon parfum, qu'il soit naturel ou artificiel. L'intelligence de l'âne ne lui permet donc pas de sentir toutes les finesses du parfum de cette épice.

– Que signifie alors le dicton ?

– Que certaines personnes sont plus subtiles et plus fines que d'autres. Et qu'on ne peut pas demander à quelqu'un qui est brut et mal élevé d'être raffiné et intelligent.

La première leçon

« Aujourd'hui, je vais vous raconter l'histoire d'un enfant qui aurait pu être là, avec vous, dans cette école, un enfant qui est devenu un héros des temps modernes, un petit bonhomme, haut comme trois oranges, avec des yeux vifs et une intelligence remarquable. C'est un enfant qui venait d'un pays pauvre, le Pakistan, un pays qui se trouve à la frontière de l'Inde, un enfant à qui on a volé son enfance, un grand homme, né en 1983. Son nom est Iqbal.

Il n'avait que quatre ans quand ses parents l'ont vendu à un fabricant de tapis… Quatre ans, et déjà une bouche de moins à nourrir pour sa famille.

Il travaillait dans un atelier pour un marchand de tapis, ne voyait jamais le jour, jamais la lumière du ciel. Au milieu de la nuit, il partait à l'usine, et n'en sortait que bien après le coucher du soleil.

Iqbal n'était pas seul, au contraire, ils étaient des milliers de petits Pakistanais à tisser des tapis, de beaux tapis aux couleurs chatoyantes et aux dessins magnifiques, des tapis prêts à orner les maisons et à faire rêver tous les enfants du monde.

Le travail était tellement dur qu'Iqbal avait tout le temps mal aux poignets, mal aux chevilles, mal aux yeux. Mais il ne se plaignait jamais. Il souffrait en silence. Savez-vous ce que c'était ? C'était du travail forcé, de l'esclavage. Car l'enfant n'avait aucun droit. Pas le droit de se lever, pas le droit de parler, pas le droit de lever les yeux, pas le droit de s'étirer, pas le droit de tendre les jambes, pas le droit de se gratter la tête, pas le droit de vivre. Ni son corps, ni sa vie, ni ses rêves ne lui appartenaient, parce que ses parents l'avaient vendu contre un peu d'argent. Ils l'avaient fait, le cœur serré, la tête baissée, et ils avaient honte, mais ils avaient fait comme d'autres parents qui n'arrivaient pas à nourrir tous leurs enfants.

Iqbal était la propriété du patron. Ah, le patron ! Il ressemblait à tous les patrons esclavagistes. Il était gros et trapu, les yeux petits et sans la moindre lueur d'humanité, avec une énorme moustache qu'il lissait tout le temps. Jamais il ne se séparait de son martinet, avec lequel il fouettait les mauvais travailleurs, ceux qui s'évanouissaient de fatigue et ceux qui ne résistaient pas aux traitements durs. Le patron ne parlait pas, il criait. Il ne souriait jamais et apparaissait rarement, sinon pour frapper. La plupart du temps, il était installé dans un bureau d'où il observait les enfants sans être vu, et déléguait à des sbires le travail de surveillance. Il était avare et sale.

Régulièrement, sa femme venait et réclamait de l'argent, et il avait peur d'elle, car elle était plus méchante que lui. Oui, il avait beau être terrible, sa femme, elle, était absolument sans pitié. Elle avait elle aussi un atelier de tissage, dans lequel elle employait des petites filles qu'elle maltraitait tout autant.

Le patron et sa femme avaient dix enfants, installés chacun dans un magasin qui vendait les produits fabriqués dans les deux ateliers.

Iqbal observait tout cela et ne disait pas un mot. Il enregistrait et attendait son heure. Le dos

courbé, la tête baissée, les mains occupées, et
pas un mot, pas un rire. Son corps avait tellement souffert qu'Iqbal ressemblait à un petit

vieux, un vieil homme. Il ne disait plus rien, même quand il était hors de l'usine, il ne prononçait pas un mot. À force de se taire, il était devenu aphone, peut-être même muet. Jusqu'au jour où il comprit ce qu'il fallait faire ; et il fut bouleversé.

Un matin, juste avant d'entrer dans l'usine, il s'arrêta et poussa un cri terrible. Il hurla, longuement, de toutes ses forces. Et ce fut le début de la révolte, la grande révolte, celle qui allait faire de lui un grand monsieur, lui qui avait dix ans et une centaine d'années d'exploitation, d'humiliation et d'esclavage.

Iqbal ne retourna plus jamais à l'usine, et désormais il cria aussi fort que possible sa colère et sa volonté de dénoncer par tous les moyens ceux qui exploitent et maltraitent les enfants. Au Pakistan, il fut aidé dans sa lutte par un homme de son village, un homme simple, mais qui ne savait comment faire pour mettre fin à l'esclavage dans son pays. Peu à peu, des journalistes venus d'Inde et du Pakistan, curieux de connaître un gamin qui osait défier la clique des esclavagistes, vinrent le voir, lui parler et l'écouter. À tous, Iqbal demandait immédiatement :

– Tu as été un enfant, tu as aujourd'hui des

enfants, alors accepterais-tu de les vendre à un patron d'usine qui fabrique des tapis ? Souviens-toi de l'enfant que tu as été, rappelle-toi les sentiments que tu portais en toi, mets-toi à la place d'un gamin de sept ans qui travaille douze heures par jour et qui ne voit plus jamais la lumière.

Les journalistes étaient intimidés. Ils ne contestaient pas ce qu'Iqbal leur disait. D'autres journalistes, venus du monde entier, l'écoutèrent et reprirent ses propos dans les médias. Puis un jour, Iqbal devint vraiment célèbre parce qu'une journaliste américaine décida de donner la priorité à cette lutte, et Iqbal en profita pour demander à rencontrer le président des États-Unis d'Amérique.

Iqbal était devenu le porte-parole de millions d'enfants traités en esclaves par des patrons sans scrupule et sans morale. Il s'adressa aux parents, aux gouvernements, aux chefs de quartier. Son combat fut ainsi connu dans le monde entier. Même le pape lui accorda une audience. Iqbal était devenu un symbole.

Les patrons esclavagistes n'aiment pas les symboles. Des usines durent fermer. Des patrons perdirent de l'argent. Ce petit diable les empêchait de dormir. Il était devenu dangereux,

dangereux pour les profits faciles, dangereux pour les hommes corrompus et corrupteurs. Il fallait le faire taire, l'empêcher de parler, d'agir, de circuler, de voyager, de respirer. Les patrons esclavagistes s'organisèrent et lui envoyèrent un tueur. Oui, ils ont osé abattre un enfant qui gênait leur commerce. Une balle dans la tête. C'est ainsi qu'à douze ans, Iqbal Masih, un héros, est entré dans l'histoire du Pakistan et dans l'histoire de la lutte contre l'esclavage.

Telle fut la vie d'un enfant de votre âge, mort assassiné pour avoir défendu la liberté, pour avoir dénoncé le travail des enfants, leur exploitation par des gens sans humanité, qui profitent de la misère pour gagner beaucoup d'argent. »

La pire chose au monde

Après cette première leçon, la classe s'est remplie au fil des jours. Certains élèves ont dû continuer à faire des ballons et des chaussures, et le patron a doublé leur salaire. D'autres ont réussi à convaincre leurs parents qu'en allant à l'école, ils gagneraient beaucoup d'argent plus tard. Car l'histoire d'Iqbal faisait le tour du village. Le soir, les vieux la racontaient en la dramatisant. Tantôt toute la famille d'Iqbal avait été assassinée. Tantôt le pape aurait voulu faire de ce héros un saint, mais il n'était pas catholique. En bref, sous l'arbre à palabres, tant de choses furent dites que le patron de la fabrique prit peur et rendit visite aux parents pour leur offrir un sac de mil et une bouteille d'huile. Il décida aussi d'alléger la charge de travail. Cependant, les parents furent nombreux à retirer leurs enfants de cette fabrique pour les envoyer à l'école.

On s'exerçait à l'écriture, à la lecture et au conte. Je racontais aux enfants des choses vues, des anecdotes.

– Aujourd'hui, j'ai décidé de changer le programme. Vous n'allez pas écrire ou lire, mais nous allons parler entre nous et débattre. Je voudrais que vous essayiez de répondre à une question qui ressemble à une devinette.

– Nous sommes prêts, monsieur Abid, ont répondu en chœur les enfants.

– Réfléchissez bien avant de répondre. Quelle est, d'après vous, la pire chose au monde ? Je veux dire, un phénomène qui provoque le malheur, qui détruit les gens et qui est très répandu dans le monde. Quelque chose qui rend les hommes hargneux et dangereux.

– La mort !

– Non, la mort est une fin normale à toute vie. On ne la vit pas. Quand elle est là, on n'est pas là, quand on est là, elle n'est pas là. La mort n'est ni quelque chose de bien ni quelque chose de mal. Elle est ce qu'elle est, c'est tout.

– La maladie !

– La maladie peut être terrible et provoquer des souffrances insupportables. Mais on peut aussi la guérir, la médecine et la science ne cessent de faire des progrès.

– La faim !

– Oui, mais ce n'est pas une fatalité.

– C'est quoi une fatalité, monsieur ?

– Quelque chose qui arrive parce que tout serait écrit d'avance, tout serait écrit dans le ciel. Autrement dit, on ne pourrait rien contre ce qui nous arrive. Or on peut faire beaucoup de choses contre la faim. Oui, la faim est laide et intolérable, mais elle n'est pas sans issue.

– La tempête de sable !

– On peut s'en protéger et puis elle ne dure pas tout le temps.

– Les scorpions, les vipères, les chacals…

– Ce sont des animaux dangereux, mais on peut les éviter et ne jamais les rencontrer.

– La pire chose au monde, c'est la guerre !

– Oui, mais il y a quelque chose qui la provoque, qui la fait naître et qui la répand…

– La haine !

– Ce n'est pas suffisant ; on peut haïr sans déclencher une guerre. Et tous les soldats ne sont pas animés par la haine des autres soldats considérés comme des ennemis. La haine est un sentiment mauvais, qui fait mal, mais souvent, elle est l'autre versant de l'amour.

– La peur !

– C'est humain d'avoir peur. Ce n'est pas très agréable, mais ce n'est pas la pire chose au monde.

– La folie !

– C'est comme la maladie, ça se soigne, même si ça prend du temps, mais ce n'est pas la chose la plus dangereuse au monde.

– Ah, monsieur Abid, « pire » n'est-il pas synonyme de « dangereux » ?

– Cela dépend, vous verrez quand on aura trouvé…

– Alors l'injustice !

– C'est une partie de cette chose horrible…

– L'esclavage !

– Il n'existe plus. Il a été aboli partout dans le monde, même s'il subsiste sous d'autres formes. Et c'était une des pires choses au monde.

– La trahison !

– C'est une des conséquences de cette chose.

– Le mensonge !

– C'est un début, vous y êtes presque.

– L'hypocrisie !

– C'est une façon d'habiller cette chose.

– La méchanceté !

– C'est comme la trahison et l'hypocrisie, c'est une conséquence de cette chose.

– Le vol !

– C'est un vice, c'est comme la maladie, ça se soigne… ou se punit.

– Le racisme !

– Vous brûlez ! Le racisme se fonde sur cette chose pour se manifester.

– La bêtise ?

– Non, on peut ne pas être intelligent et n'être ni raciste ni mauvais.

– Alors, monsieur Abid, c'est quoi la pire chose au monde ? ont repris tous les enfants d'une seule voix.

Après un long silence, j'ai retiré mes lunettes, que j'enlève chaque fois que je deviens grave. Je me suis essuyé le front avec un mouchoir en papier, et j'ai répondu :

– Les anciens, nos ancêtres, nos maîtres, ceux qui nous ont précédés dans l'épreuve, dans le bien et dans la peine,

ceux qui ont réfléchi sans avoir fait de grandes études

ceux qui ont lu des livres et décrypté des messages, des nuages et des forêts

ceux qui lisent dans l'écorce des arbres, dans les yeux des mères, et savent interpréter la musique du vent

ceux qui n'avaient pas de grandes certitudes

ceux qui disaient «peut-être», «c'est possible», «Dieu seul le sait», «attends de voir», «sois patient», «prends le temps de penser», «regarde l'eau couler dans la rivière»

ceux qui n'affirmaient rien de définitif

ceux que j'appelle les anciens, qui ont embrassé le temps et y ont repéré les traces de la sagesse

ceux qui ont vécu et souffert

ceux qui ont été humbles et modestes, dignes et graves

ceux qui n'ont jamais fermé le chemin qui mène vers l'école et le savoir

ceux qui ont cité le prophète qui affirmait qu'il faut acquérir le savoir même s'il faut aller jusqu'en Chine

ceux qui n'ont jamais déterré leurs racines pour aller les planter dans une terre aride...

ceux-là disent que la pire chose au monde ce n'est ni la mort, ni la maladie, ni la peur, mais l'ignorance.

— L'ignorance ! Et pourquoi c'est l'ignorance, monsieur Abid ? ont réagi en chœur les élèves.

— Parce que l'ignorance est la mère de tous les maux.

Médusés, les enfants m'ont regardé un long instant, avant de lancer de concert :

— Ouahhh !

— Souvent l'ignorance est accompagnée d'arrogance et de fanatisme...

— C'est quoi l'arrogance, monsieur Abid ? Et le fanatisme ?

— L'arrogance est un mélange d'insolence, de prétention et parfois de mépris. L'arrogant est celui qui réclame avec force et insistance quelque chose qui ne lui est pas dû. C'est une attitude typique des ignorants. Quant aux fanatiques, ils ne doutent pas, ils affirment avec fermeté n'importe quoi, et ils n'acceptent pas d'autres idées que les leurs…

Le lendemain, j'ai tout de suite remarqué que les élèves étaient inquiets. Ils devaient se poser mille questions, si bien que j'ai décidé d'illustrer ces mots par une histoire et j'ai commencé à leur expliquer.

La seconde leçon

« Pour que vous compreniez bien le mal que peut produire l'ignorance, je vais vous raconter l'histoire de deux amis qui se sont disputés sur le bord du fleuve. C'est une bagarre à laquelle j'ai assisté moi-même.

Les deux amis parlaient normalement des choses de la vie, quand tout à coup l'un d'eux, appelons-le A, s'est écrié :

– Je viens de voir une chèvre voler, une chèvre avec des ailes, elle est blanche…

– Mais les chèvres ne sont pas des oiseaux, elles ne volent pas, lui a calmement répondu B.

– Si, si, tu crois qu'elles ne volent pas, mais la mienne, celle que j'ai vue il y a un instant, elle a bel et bien volé ! Elle a reculé puis elle a sauté comme si elle était aspirée par l'air, elle est montée dans l'espace et elle a étendu ses ailes. Elle plane en ce moment au-dessus de nos têtes, tu ne la vois pas ?

– Ce n'est pas possible.

– Soit tu es aveugle, soit tu refuses de me croire parce que je suis plus petit que toi et que ma parole a moins de saveur que celle du fils du caïd. C'est ça, non ?

– Ce n'est pas possible, tu dois avoir une hallucination. Ça arrive à tout le monde. Certains voient même des fantômes. Moi aussi, un jour j'ai vu mon père après sa mort, il s'est présenté à la maison et personne ne lui a ouvert la porte. Mais c'était un rêve ou une hallucination. Il faut accepter le fait que les chèvres, comme les vaches, ne volent pas. C'est un fait, un point c'est tout. Et ce n'est pas parce je suis le fils du caïd.

– Je ne parle pas de choses anormales, je te dis qu'il y a cinq minutes, la chèvre blanche qui broutait tranquillement devant nous s'est envolée comme une grande cigogne.

– Arrête de dire des bêtises. Tu n'es pas un gamin, tu es un adulte…

– Oui, mais la chèvre s'est envolée, reconnais-le, sinon tu n'es plus mon ami.

– Je ne vais pas reconnaître un fait qui n'a aucun fondement, uniquement pour ne pas te contrarier. Arrête de t'entêter.

– Non, je n'arrêterai pas, et j'en fais une affaire d'honneur. D'ailleurs, je te pose une question : suis-je un menteur ?

– Non, tu n'es pas un menteur, tu ne mens pas, tu fabules, tu inventes. Mais tu as beau insister, tu ne me feras pas croire que cette malheureuse bête a déployé des ailes imaginaires pour se transformer en oiseau. Non et non. Ce n'est pas logique. Je sais que tu n'es pas toujours raisonnable, mais là, tu exagères. C'est évident que les chèvres, les brebis, les moutons, les agneaux et tous ces animaux n'ont pas la capacité de s'envoler. Tu es énervant et fanatique. Reconnais ton erreur et passons à autre chose.

– Puisque c'est comme ça, tu n'es plus mon ami, on n'a plus rien à faire ensemble. Tu refuses de croire ce que je dis, tu mets en doute ma raison, donc, tu n'es pas un ami.

– Tu es entêté, têtu comme une mule !

– Moi, je suis une mule ? Et toi, tu es un crapaud ! C'est bien connu, tous les fils de caïds sont des crapauds, je l'avais lu dans le livre d'histoire.

– Non, je ne suis pas un crapaud, je suis un être humain doué de raison qui te dit que les chèvres ne s'envolent pas, c'est tout.

– Non, tu me contraries parce que tu considères que je viens d'un village moins riche que le tien. C'est ça, ce que je dis n'a aucune importance, tu me méprises, tu te crois tout permis parce que ton père est le patron de la ville…

– Je me moque pas mal de ton village, et mon père n'a rien à voir avec cette histoire. Je te répète que la chèvre ne vole pas. On peut demander l'avis des gens qui passent.

– Si, elle vole, si, elle vole ! Tu es un menteur, tu cherches à m'humilier parce que j'ai quitté l'école et que toi tu as fait des études. Voilà, tu refuses ce que je dis et ce que je vois. Eh bien sache que la chèvre s'est envolée, je le jure et le jurerai devant Dieu et son prophète le jour du jugement dernier !

– Mais ce n'est pas logique, tu es fou !

– Quoi ? Je suis fou ? Tiens, prends sur ta gueule… Salaud, fils de la rue, fils de rien, fils du néant, la religion de ta mère, va, prends, je vais casser ta petite gueule de riche…

Et soudain les coups sont partis de part et d'autre, les deux corps ont roulé dans la poussière, les insultes ont fusé en même temps que les coups de poing et de pied. Le corps de A a glissé et est tombé dans le courant. Immédiatement B a tenté d'aller le sauver. Le courant était trop fort. A s'agitait mais a fini par se noyer. Avant de rendre l'âme, j'ai vu sa main droite sortir de l'eau et faire le V de la victoire avec les doigts. Ses doigts bougeaient comme pour rappeler que l'animal volait dans l'air. »

– Je voulais vous raconter ces histoires pour que vous compreniez à quel point l'ignorance est pernicieuse, à quel point elle endort l'esprit et réduit l'intelligence. L'être humain ignorant ne se pose plus de questions, il vit avec des certitudes et se ferme sur lui-même au point de devenir un fanatique, quelqu'un qui ne tolère rien d'autre que ses propres affirmations. Il se ferme à tout ce qui vient de l'extérieur et devient borné comme un âne qui fait toujours le même chemin. On peut même en mourir. Car certains se battent et meurent pour défendre des valeurs, des idées généreuses et fortes, quand d'autres meurent bêtement pour de petites idées très étroites. Et tout ça est la faute de l'ignorance, l'ignorance, la pire chose au monde.

À la fin de la journée, les enfants sont rentrés chez eux, et je sais que le soir, toutes les familles ont parlé de la dispute tragique des deux amis. Les enfants me l'ont raconté le lendemain, et l'histoire a fait le tour du village. Certains soutenaient que A était connu pour son entêtement et ses bagarres. D'autres affirmaient qu'il fumait du kif et qu'il était en manque.

C'est ainsi que l'école est peu à peu devenue un lieu aimé par tous. Les propriétaires de la fabrique ont été obligés de remplacer les enfants par des adultes qu'ils ont dû mieux payer. Ils avaient peur d'être poursuivis pour avoir fait travailler des enfants, ce que la loi et l'article 4 de la Déclaration universelle des droits de l'homme interdisent et condamnent.

Pour clore l'année scolaire, j'ai demandé à chaque enfant de répondre à la question suivante : « Que voudrais-tu faire le dernier jour de classe ? » Chacun était libre de répondre selon son désir le plus ardent.

— Passer une journée dans une maison magique.

— Manger de la viande grillée et des frites.

— Aller au cirque.

— Avoir comme cadeau des chaussures de la fabrique.

– Jouer avec le ballon de la fabrique.

– Porter des lunettes pour voir le monde en grand.

– Voir la mer.

– Aller au cinéma.

– Aller en ville et circuler dans une grosse voiture noire.

– Me mettre devant la télévision et regarder toutes les images.

– Assister à un match de foot.

– Voir à la télé la finale de la coupe du monde en buvant une limonade glacée.

– Aller en ville dans un café pour voir la finale de la coupe du monde de football en mangeant une énorme glace.

– Voir le dernier match de foot de la coupe.

– Passer une journée avec Zidane.

– Voir la finale.

– Voir la finale.

– Voir la finale.

– La finale de foot…

Alors j'ai loué la camionnette de l'épicier du village et nous sommes partis vers la grande ville. Le voyage fut long mais joyeux. Les enfants portaient leurs habits de fête, chantaient, criaient de joie. Arrivés en fin de journée en ville, nous

avons dîné dans un restaurant de brochettes qui avait la particularité de posséder un grand écran de télévision. Nous n'avons pas quitté les tables.

Le match de football opposait deux pays, le Brésil et la France. J'ai rarement vu des enfants aussi sages et aussi heureux. Ils ont suivi le match les yeux grands ouverts. Et quand la France a marqué le but de la victoire, ils se sont tous levés pour s'exclamer :

– On a gagné ! On a gagné !

– La chaussure de Zidane, c'est moi qui l'ai cousue, c'est pour ça qu'on a gagné ! a ajouté une voix.

Table des matières

Tahar Ben Jelloun

L'auteur

Né à Fès en 1944, **Tahar Ben Jelloun** a publié des poèmes et des romans, notamment *La Nuit sacrée* (prix Goncourt 1987). Il est également l'auteur de différents livres à l'intention des enfants : *Le racisme expliqué à ma fille*, *L'islam expliqué aux enfants (et à leurs parents)*, *Le terrorisme expliqué à nos enfants*. Il est membre de l'académie Goncourt.

Laurent Corvaisier

L'illustrateur

Laurent Corvaisier est né au Havre. Diplômé de l'École supérieure des arts décoratifs où il enseigne depuis 1995, il est également peintre et illustrateur. Il a publié de nombreux albums pour la jeunesse et est un collaborateur régulier de la presse pour enfants.

Le papier de cet ouvrage est composé de fibres naturelles, renouvelables,
recyclables et fabriquées à partir de bois provenant de forêts plantées
et cultivées expressément pour la fabrication de la pâte à papier.

Mise en pages : Karine Benoit

Loi n° 49-956 du 16 juillet 1949
sur les publications destinées à la jeunesse
ISBN : 978-2-07-057892-4
Numéro d'édition : 432758
Premier dépôt légal dans la même collection : mai 2007
Dépôt légal : janvier 2022

Imprimé en Espagne chez Novoprint (Barcelone)